Billar 3 Bandas: Primeros bando patrones

Desde torneos profesionales de campeonato

Ponte a prueba contra jugadores profesionales

Allan P. Sand
PBIA Instructor Certificado de Billar

ISBN 978-1-62505-341-1
PRINT 7x10

ISBN 978-1-62505-505-7
PRINT 8.5x11

First edition

Copyright © 2019 Allan P. Sand

All rights reserved under International and Pan-American Copyright Conventions.

Published by Billiard Gods Productions.
Santa Clara, CA 95051
U.S.A.

For the latest information about books and videos, go to: http://www.billiardgods.com

Acknowledgements

Wei Chao created the software that was used to create these graphics.

Tabla de contenido

Introducción 1
Acerca de los diseños de tablas 1
Instrucciones de configuración de la mesa 2
Propósito de los diseños 2
A: Un bando primero 3
A: Grupo 1 3
A: Grupo 2 8
A: Grupo 3 13
A: Grupo 4 18
B: Un bando en una esquina 23
B: Grupo 1 23
B: Grupo 2 28
C: Dos bandos primero 33
C: Grupo 1 33
C: Grupo 2 38
D: Tres bandos primero, serie 1 43
D: Grupo 1 43
D: Grupo 2 48
D: Grupo 3 53
D: Grupo 4 58
D: Grupo 5 63
D: Grupo 6 68
E: Tres bandos primero, serie 2 73
E: Grupo 1 73
E: Grupo 2 78
E: Grupo 3 83
E: Grupo 4 88
E: Grupo 5 93
E: Grupo 6 98
F: 4+ bandos primero 103
F: Grupo 1 103
F: Grupo 2 108

Other books by the author …

- 3 Cushion Billiards Championship Shots (a series)
- Carom Billiards: Some Riddles & Puzzles
- Carom Billiards: MORE Riddles & Puzzles
- Why Pool Hustlers Win
- Table Map Library
- Safety Toolbox
- Cue Ball Control Cheat Sheets
- Advanced Cue Ball Control Self-Testing Program
- Drills & Exercises for Pool & Pocket Billiards
- The Art of War versus The Art of Pool
- The Psychology of Losing – Tricks, Traps & Sharks
- The Art of Team Coaching
- The Art of Personal Competition
- The Art of Politics & Campaigning
- The Art of Marketing & Promotion
- Kitchen God's Guide for Single Guys

Introducción

Este es uno de una serie de libros de Carom Billiards que muestran cómo los jugadores profesionales toman decisiones, según el diseño de la mesa. Todos estos diseños son de competiciones internacionales.

Estos diseños te colocan dentro de la cabeza del jugador, comenzando con las posiciones de las bolas (que se muestran en la primera tabla). El segundo diseño de la mesa muestra lo que el jugador decidió hacer.

Acerca de los diseños de tablas

Estas son las tres bolas sobre la mesa:

Ⓐ (CB) (tu bola de billar)

⊙ (OB) (bola de billar oponente)

● (OB) (bola de billar roja)

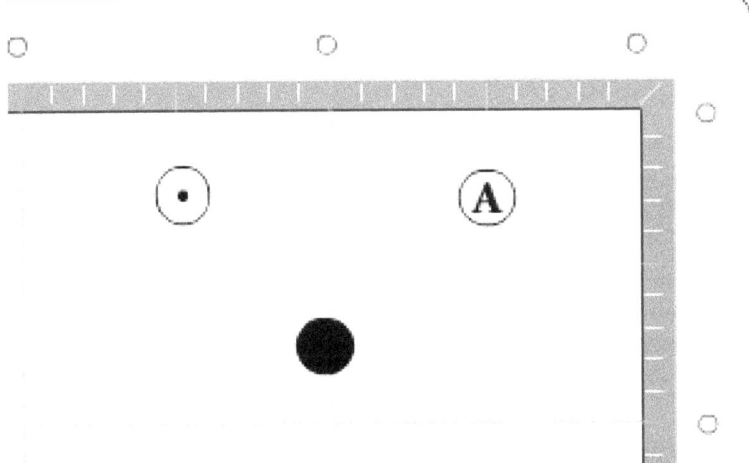

Cada configuración tiene dos diseños de tabla. La primera tabla es la posición de las bolas. La segunda tabla es cómo se mueven las bolas sobre la mesa.

Instrucciones de configuración de la mesa

Use anillos de papel para marcar las posiciones de las bolas (compre en cualquier tienda de suministros de oficina).

Coloque una moneda en cada bando de la mesa que tocará (CB).

Compare su ruta (CB) con la configuración de la segunda tabla. Para aprender, es posible que necesite varios intentos. Después de cada falla, realice el ajuste y vuelva a intentarlo hasta que tenga éxito.

Propósito de los diseños

Estos diseños se proporcionan para dos propósitos.

- Su análisis: en casa, puede considerar cómo jugar la configuración en la primera tabla. Compara tus ideas con el patrón real en la segunda tabla. Piense en su solución y considere las opciones. Desde la segunda tabla, también puedes analizar cómo seguir el patrón. Mentalmente juega el tiro y decide cómo puedes tener éxito.

- Practique la configuración de la mesa: coloque las bolas en posición, de acuerdo con la primera configuración de la mesa. Intenta disparar de la misma manera que el segundo patrón de mesa. Es posible que necesites muchos intentos antes de encontrar la forma correcta de jugar. Así es como puedes aprender y jugar estas tomas durante competiciones y torneos.

La combinación de análisis mental y práctica práctica te hará un jugador más inteligente.

A: Un bando primero

El (CB) va a un bando y luego al primero (OB). El (CB) luego contacta con dos (o más) bandos de la mesa y luego con el otro (OB).

Ⓐ (CB) (su bola de billar) - ⊙ (OB) (bola de billar oponente) - ● (OB) (bola de billar roja)

A: Grupo 1

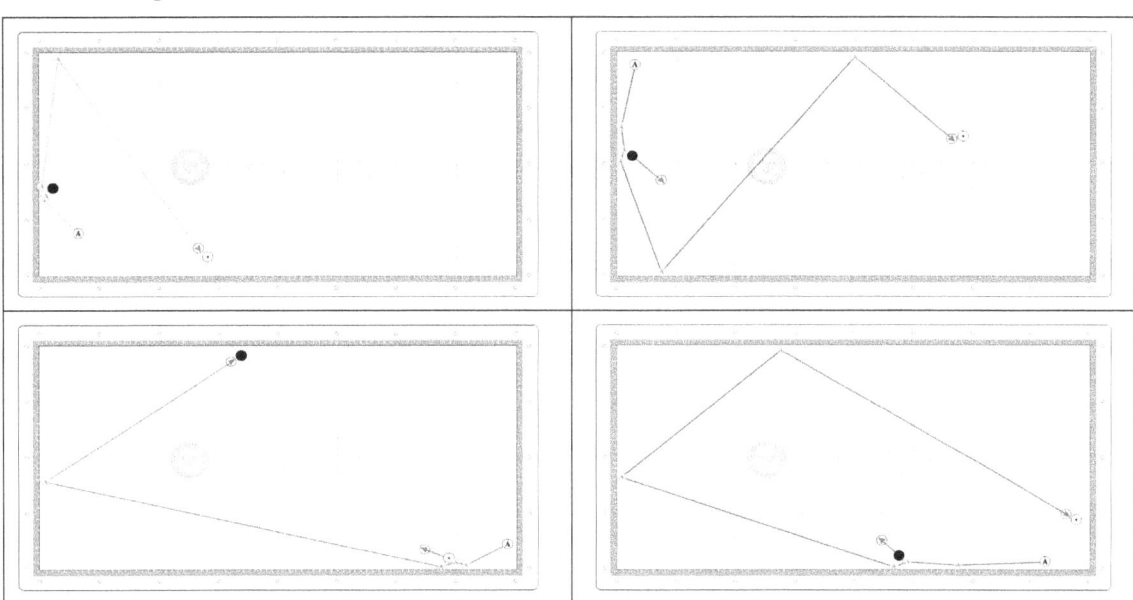

Análisis:

A:1a. _____

A:1b. _____

A:1c. _____

A:1d. _____

A:1a – Preparar

Notas e ideas:

Patrón de disparo

A:1b – Preparar

Notas e ideas:

Patrón de disparo

A:1c – Preparar

Notas e ideas:

Patrón de disparo

A:1d – Preparar

Notas e ideas:

Patrón de disparo

A: Grupo 2

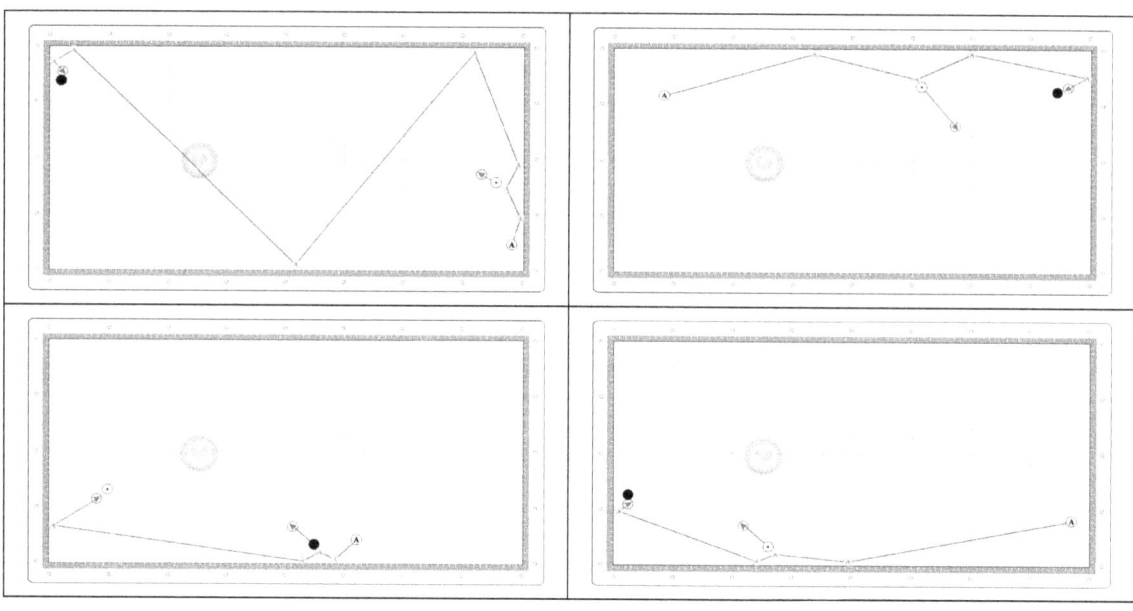

Análisis:

A:2a. _____

A:2b. _____

A:2c. _____

A:2d. _____

A:2a – Preparar

Notas e ideas:

Patrón de disparo

A:2b – Preparar

Notas e ideas:

Patrón de disparo

A:2c – Preparar

Notas e ideas:

Patrón de disparo

A:2d – Preparar

Notas e ideas:

Patrón de disparo

A: Grupo 3

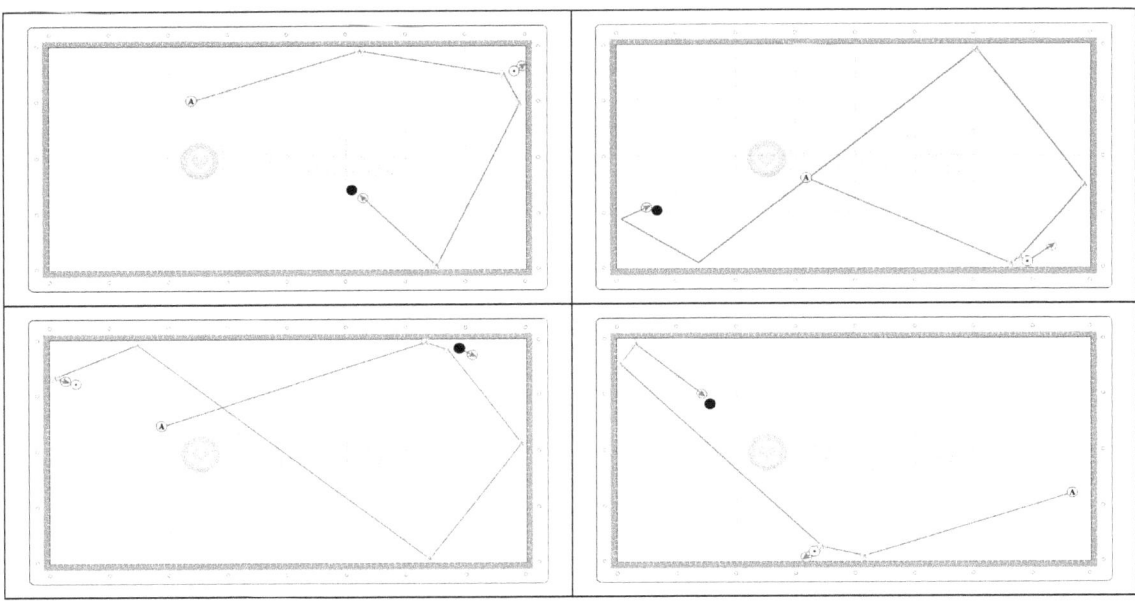

Análisis:

A:3a. _____

A:3b. _____

A:3c. _____

A:3d. _____

A:3a – Preparar

Notas e ideas:

Patrón de disparo

A:3b – Preparar

Notas e ideas:

Patrón de disparo

A:3c – Preparar

Notas e ideas:

Patrón de disparo

A:3d – Preparar

Notas e ideas:

Patrón de disparo

A: Grupo 4

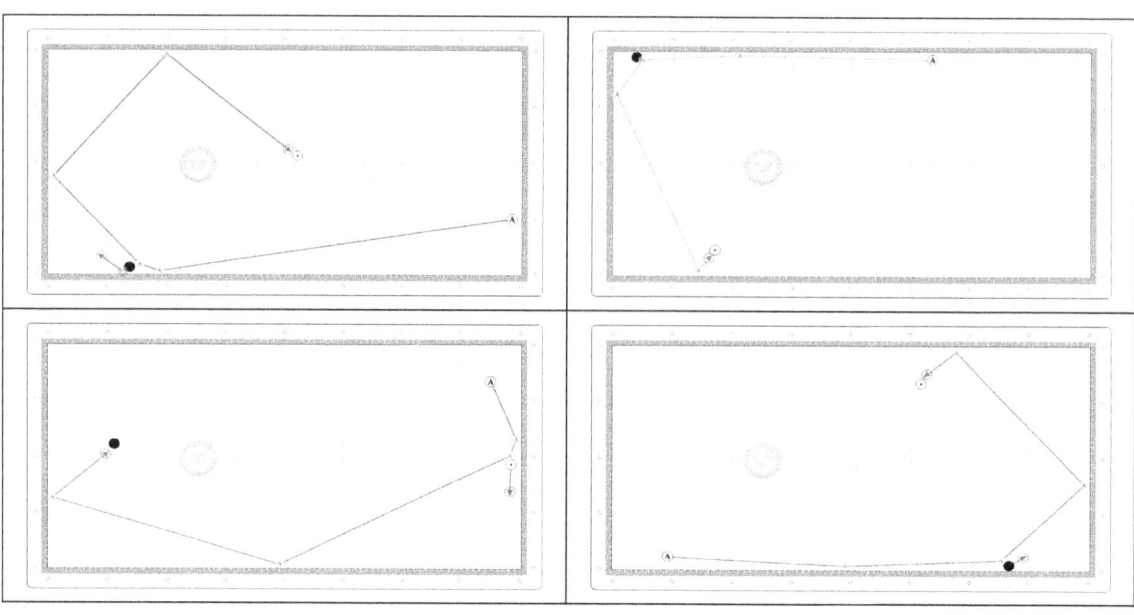

Análisis:

A:4a. _____

A:4b. _____

A:4c. _____

A:4d. _____

A:4a – Preparar

Notas e ideas:

Patrón de disparo

A:4b – Preparar

Notas e ideas:

Patrón de disparo

A:4c – Preparar

Notas e ideas:

Patrón de disparo

A:4d – Preparar

Notas e ideas:

Patrón de disparo

B: Un bando en una esquina

El (CB) entra en contacto primero con un bando de la mesa, luego contacta con el primero (OB). El (CB) luego va a la esquina por dos bandos más. Cuando el (CB) sale de la esquina para hacer contacto con el otro (OB) para la puntuación.

Ⓐ (CB) (su bola de billar) - ◉ (OB) (bola de billar oponente) - ⬤ (OB) (bola de billar roja)

B: Grupo 1

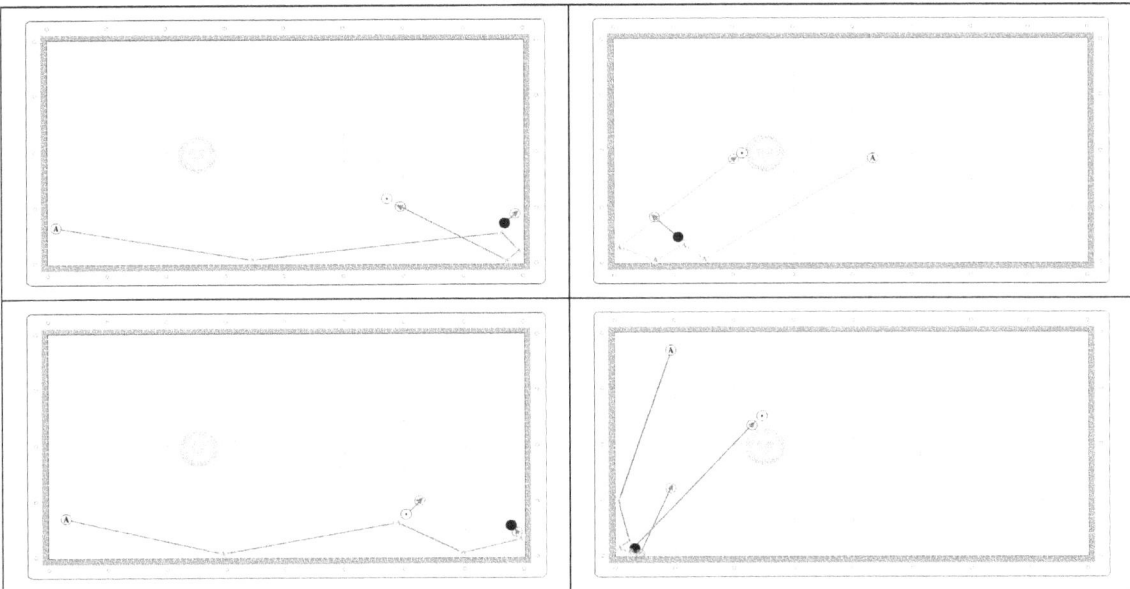

Análisis:

B:1a. _____

B:1b. _____

B:1c. _____

B:1d. _____

B:1a – Preparar

Notas e ideas:

Patrón de disparo

B:1b – Preparar

Notas e ideas:

Patrón de disparo

B:1c – Preparar

Notas e ideas:

Patrón de disparo

B:1d – Preparar

Notas e ideas:

Patrón de disparo

B: Grupo 2

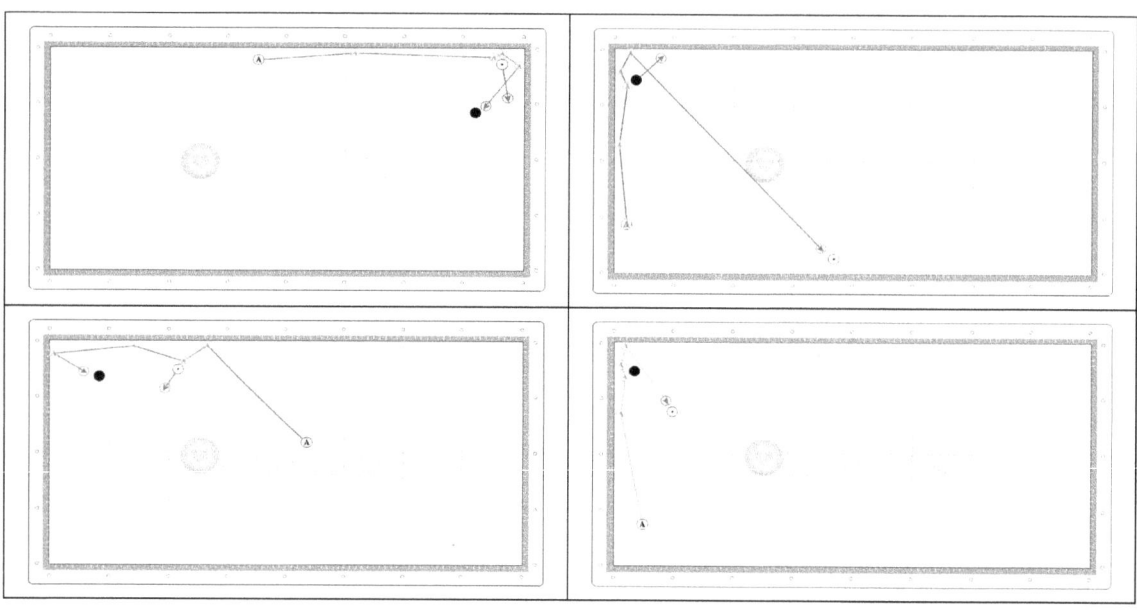

Análisis:

B:2a. _____

B:2b. _____

B:2c. _____

B:2d. _____

B:2a – Preparar

Notas e ideas:

Patrón de disparo

B:2b – Preparar

Notas e ideas:

Patrón de disparo

B:2c – Preparar

Notas e ideas:

Patrón de disparo

B:2d – Preparar

Notas e ideas:

Patrón de disparo

C: Dos bandos primero

El (CB) va en dos bandos antes de que entre en contacto con el primero (OB). Después del contacto, el (CB) pasa a uno o más bandos y luego al otro (OB).

Ⓐ (CB) (su bola de billar) - ⊙ (OB) (bola de billar oponente) - ● (OB) (bola de billar roja)

C: Grupo 1

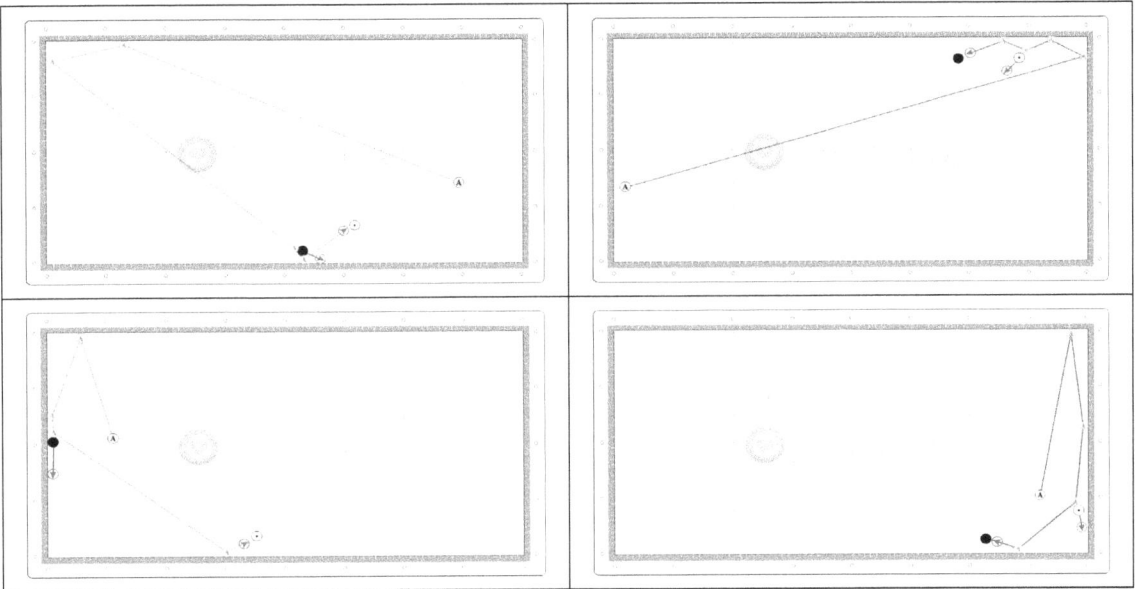

Análisis:

C:1a. _____

C:1b. _____

C:1c. _____

C:1d. _____

C:1a – Preparar

Notas e ideas:

Patrón de disparo

C:1b – Preparar

Notas e ideas:

Patrón de disparo

C:1c – Preparar

Notas e ideas:

Patrón de disparo

C:1d – Preparar

Notas e ideas:

Patrón de disparo

C: Grupo 2

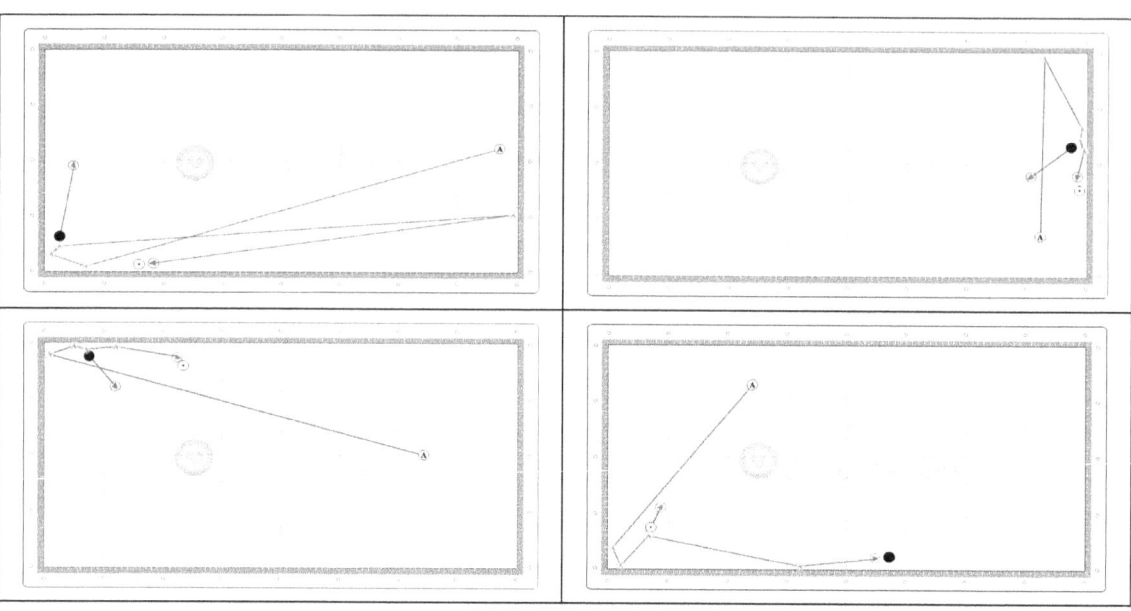

Análisis:

C:2a. _____

C:2b. _____

C:2c. _____

C:2d. _____

C:2a – Preparar

Notas e ideas:

Patrón de disparo

C:2b – Preparar

Notas e ideas:

Patrón de disparo

C:2c – Preparar

Notas e ideas:

Patrón de disparo

C:2d – Preparar

Notas e ideas:

Patrón de disparo

D: Tres bandos primero, serie 1

Estos ejemplos se dividen en dos secciones. El (CB) va en tres bandos, y luego en ambos (OB).

Ⓐ (CB) (su bola de billar) - ⊙ (OB) (bola de billar oponente) - ● (OB) (bola de billar roja)

D: Grupo 1

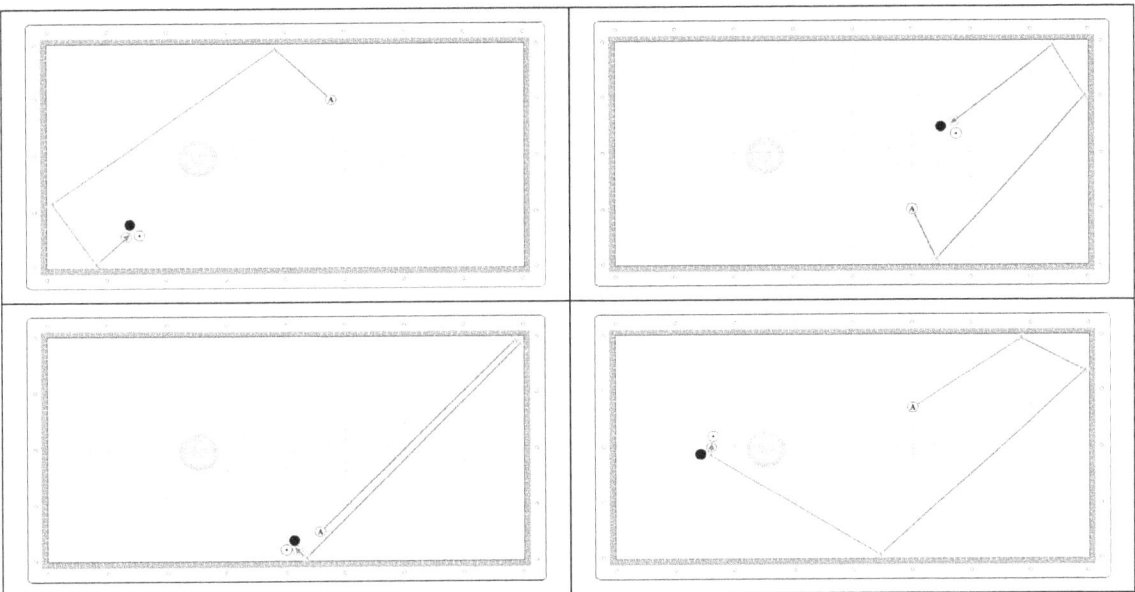

Análisis:

D:1a. _____

D:1b. _____

D:1c. _____

D:1d. _____

D:1a – Preparar

Notas e ideas:

Patrón de disparo

D:1b – Preparar

Notas e ideas:

Patrón de disparo

D:1c – Preparar

Notas e ideas:

Patrón de disparo

D:1d – Preparar

Notas e ideas:

Patrón de disparo

D: Grupo 2

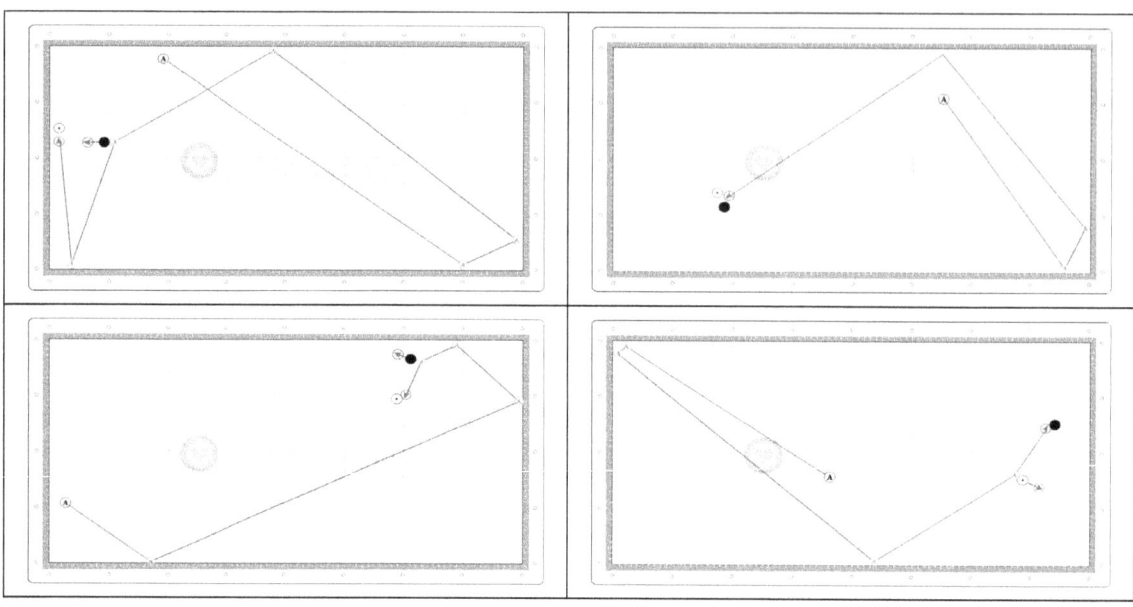

Análisis:

D:2a. _____

D:2b. _____

D:2c. _____

D:2d. _____

D:2a – Preparar

Notas e ideas:

Patrón de disparo

D:2b – Preparar

Notas e ideas:

Patrón de disparo

D:2c – Preparar

Notas e ideas:

Patrón de disparo

D:2d – Preparar

Notas e ideas:

Patrón de disparo

D: Grupo 3

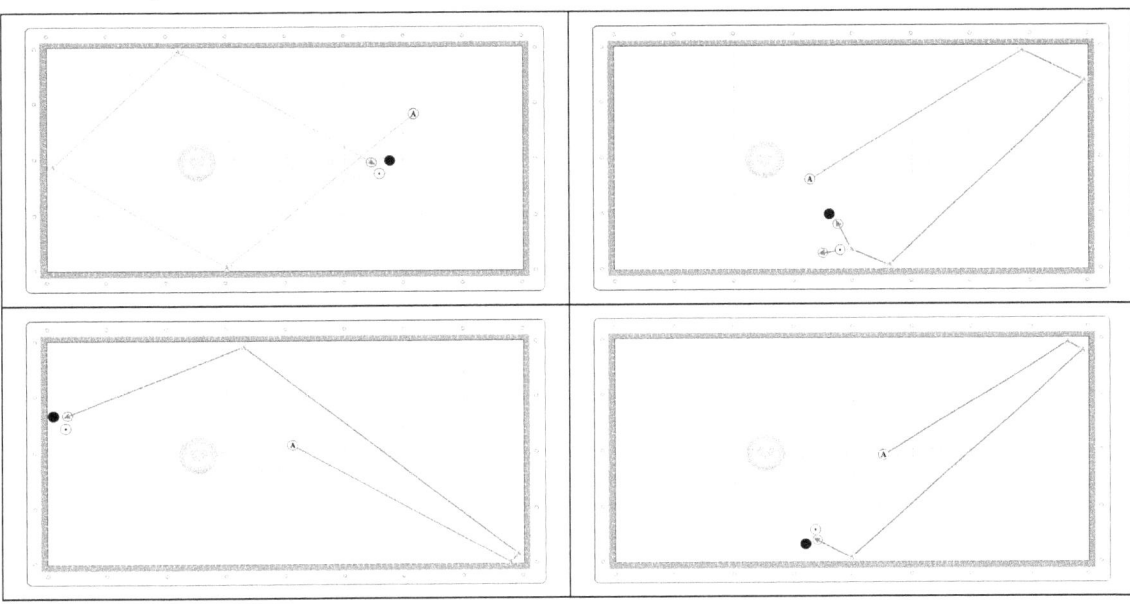

Análisis:

D:3a. _____

D:3b. _____

D:3c. _____

D:3d. _____

D:3a – Preparar

Notas e ideas:

Patrón de disparo

D:3b – Preparar

Notas e ideas:

Patrón de disparo

D:3c – Preparar

Notas e ideas:

Patrón de disparo

D:3d – Preparar

Notas e ideas:

Patrón de disparo

D: Grupo 4

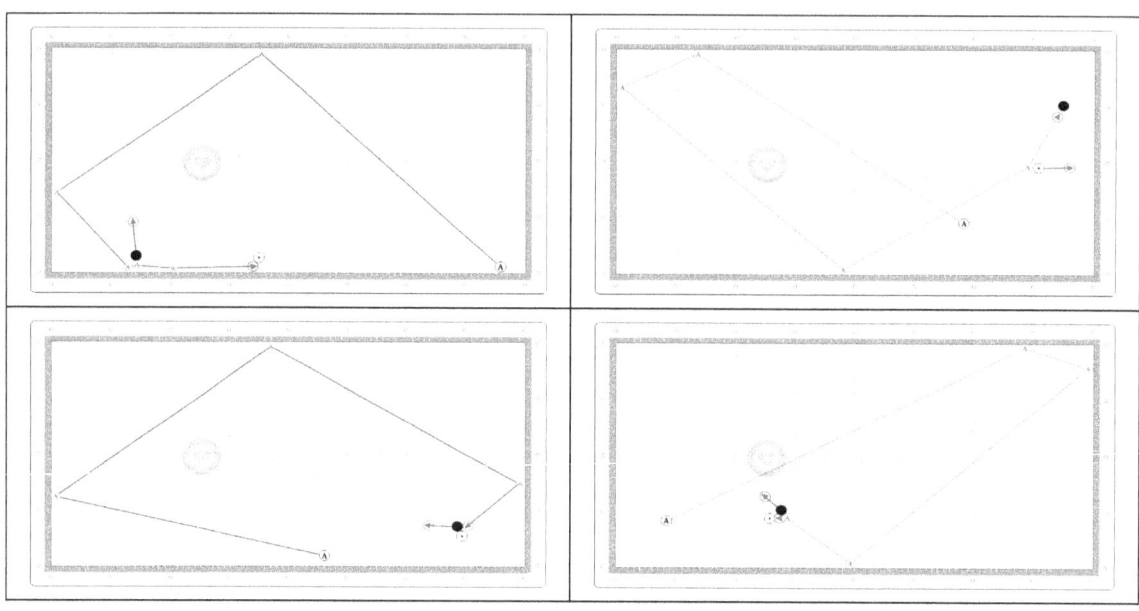

Análisis:

D:4a. _____

D:4b. _____

D:4c. _____

D:4d. _____

D:4a – Preparar

Notas e ideas:

Patrón de disparo

D:4b – Preparar

Notas e ideas:

Patrón de disparo

D:4c – Preparar

Notas e ideas:

Patrón de disparo

D:4d – Preparar

Notas e ideas:

Patrón de disparo

D: Grupo 5

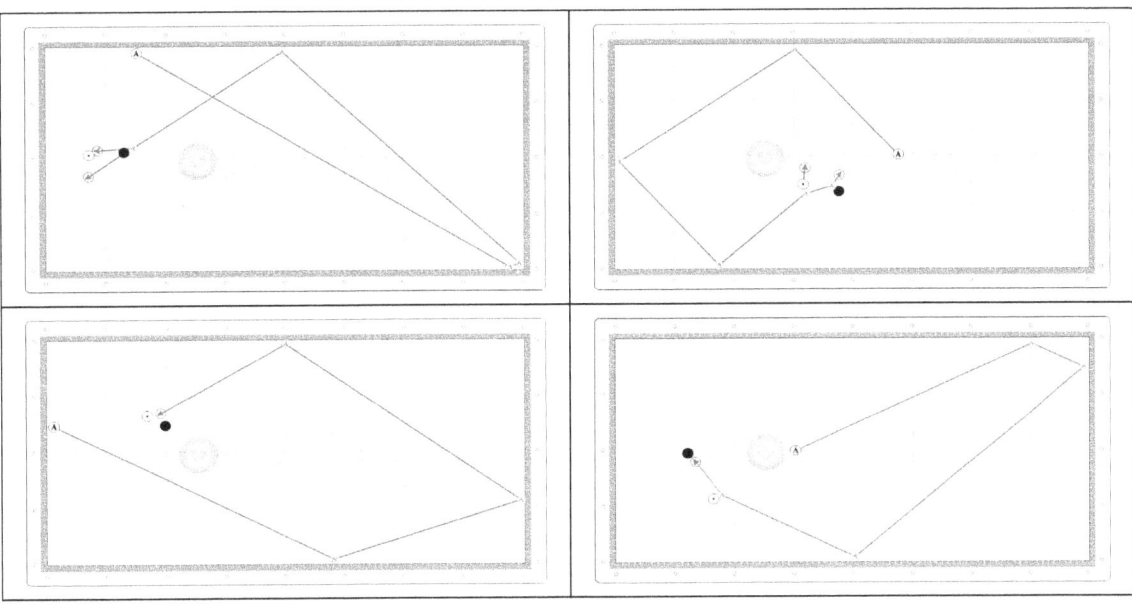

Análisis:

D:5a. _____

D:5b. _____

D:5c. _____

D:5d. _____

D:5a – Preparar

Notas e ideas:

Patrón de disparo

D:5b – Preparar

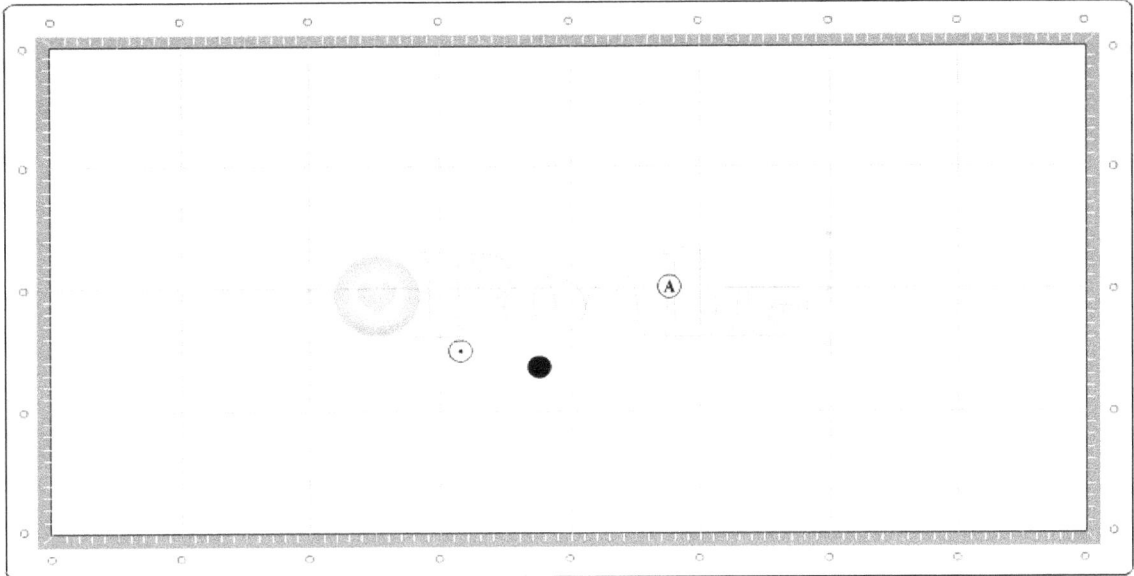

Notas e ideas:

Patrón de disparo

D:5c – Preparar

Notas e ideas:

Patrón de disparo

D:5d – Preparar

Notas e ideas:

Patrón de disparo

D: Grupo 6

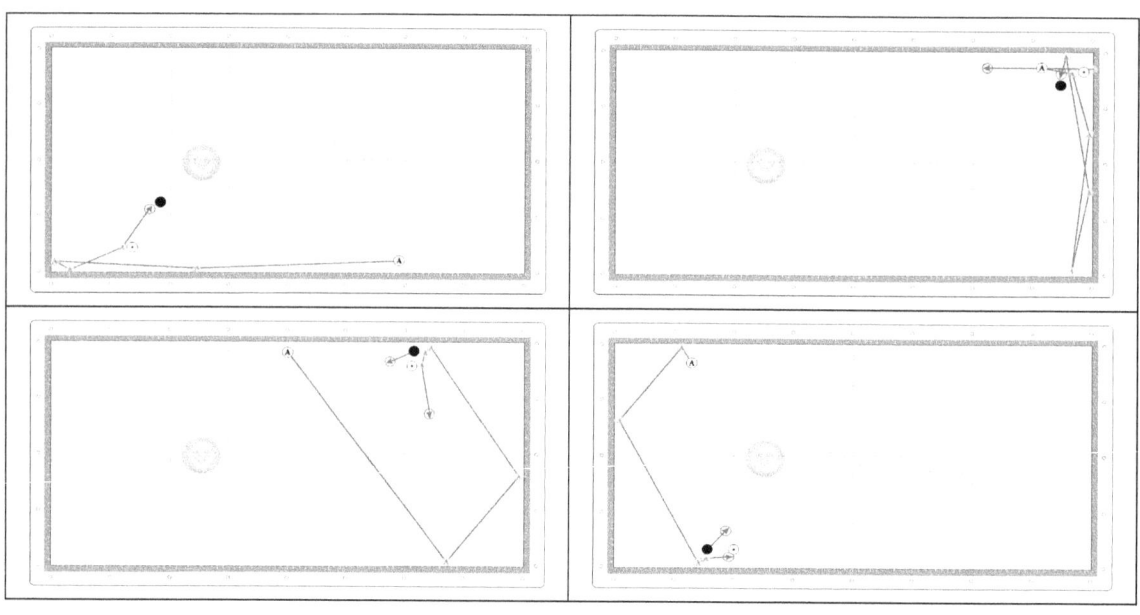

Análisis:

D:6a. _____

D:6b. _____

D:6c. _____

D:6d. _____

D:6a – Preparar

Notas e ideas:

Patrón de disparo

D:6b – Preparar

Notas e ideas:

Patrón de disparo

D:6c – Preparar

Notas e ideas:

Patrón de disparo

D:6d – Preparar

Notas e ideas:

Patrón de disparo

E: Tres bandos primero, serie 2

Estas son las tres primeras situaciones del bando.

Ⓐ (CB) (su bola de billar) - ◉ (OB) (bola de billar oponente) - ● (OB) (bola de billar roja)

E: Grupo 1

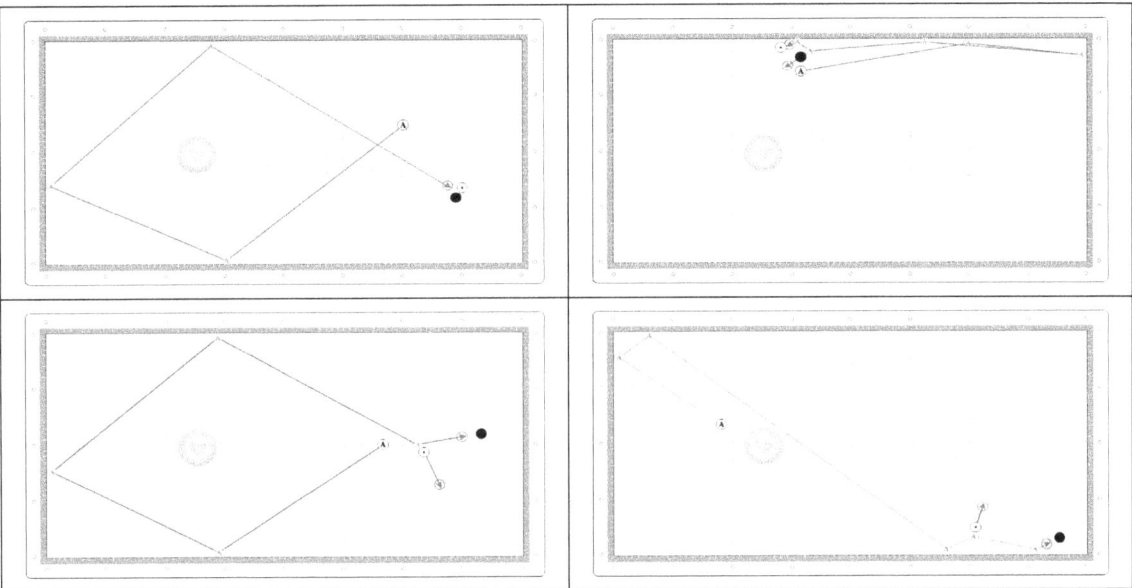

Análisis:

E:1a. _____

E:1b. _____

E:1c. _____

E:1d. _____

E:1a – Preparar

Notas e ideas:

Patrón de disparo

E:1b – Preparar

Notas e ideas:

Patrón de disparo

E:1c – Preparar

Notas e ideas:

Patrón de disparo

E:1d – Preparar

Notas e ideas:

Patrón de disparo

E: Grupo 2

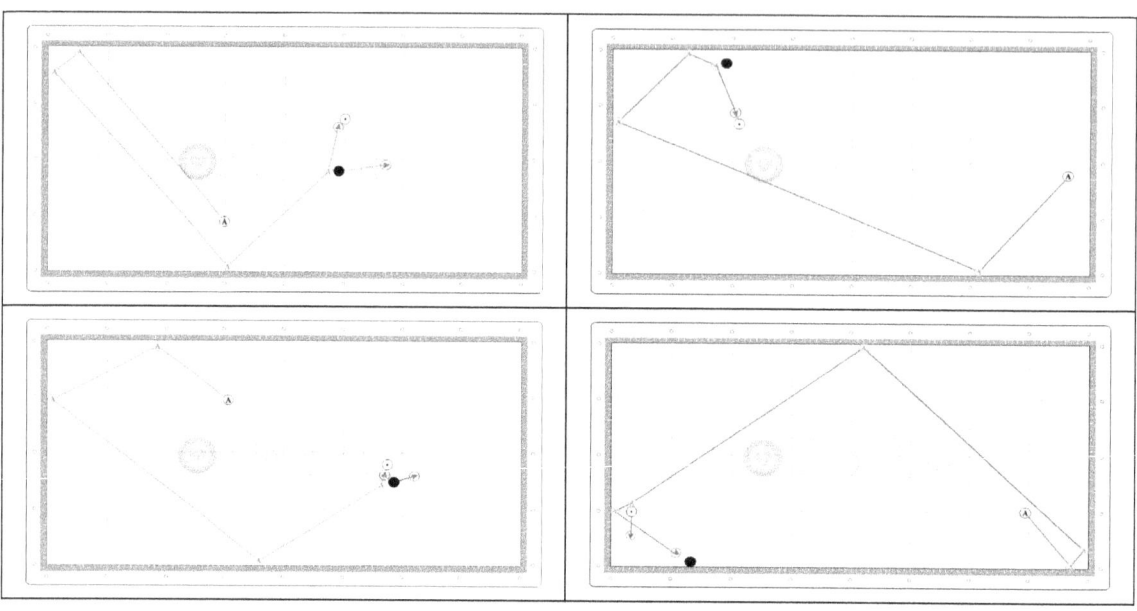

Análisis:

E:2a. _____

E:2b. _____

E:2c. _____

E:2d. _____

E:2a – Preparar

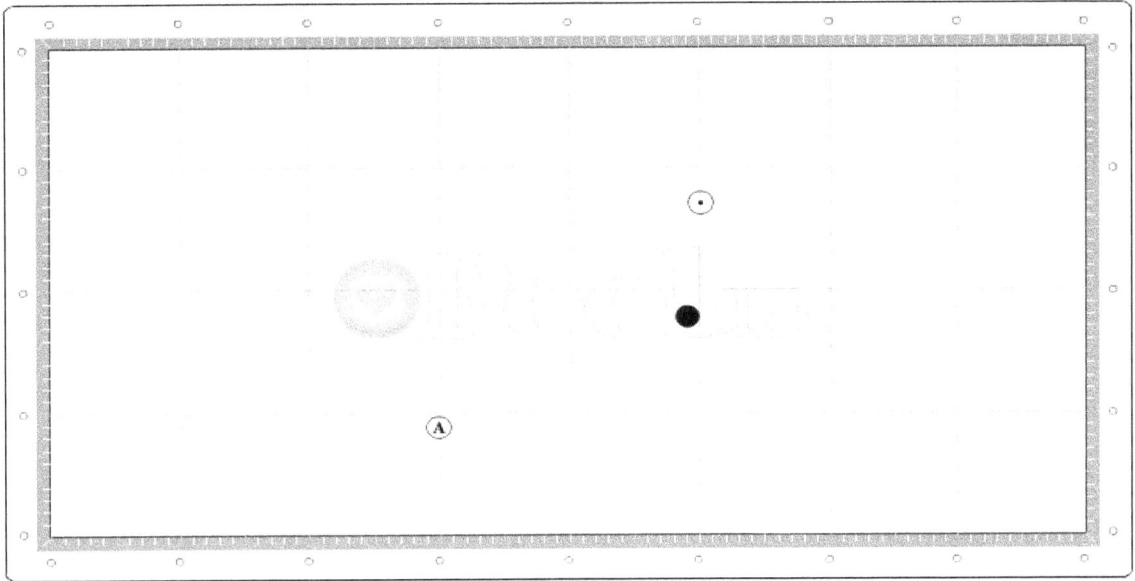

Notas e ideas:

Patrón de disparo

E:2b – Preparar

Notas e ideas:

Patrón de disparo

E:2c – Preparar

Notas e ideas:

Patrón de disparo

E:2d – Preparar

Notas e ideas:

Patrón de disparo

E: Grupo 3

Análisis:

E:3a. _____

E:3b. _____

E:3c. _____

E:3d. _____

E:3a – Preparar

Notas e ideas:

Patrón de disparo

E:3b – Preparar

Notas e ideas:

Patrón de disparo

E:3c – Preparar

Notas e ideas:

Patrón de disparo

E:3d – Preparar

Notas e ideas:

Patrón de disparo

E: Grupo 4

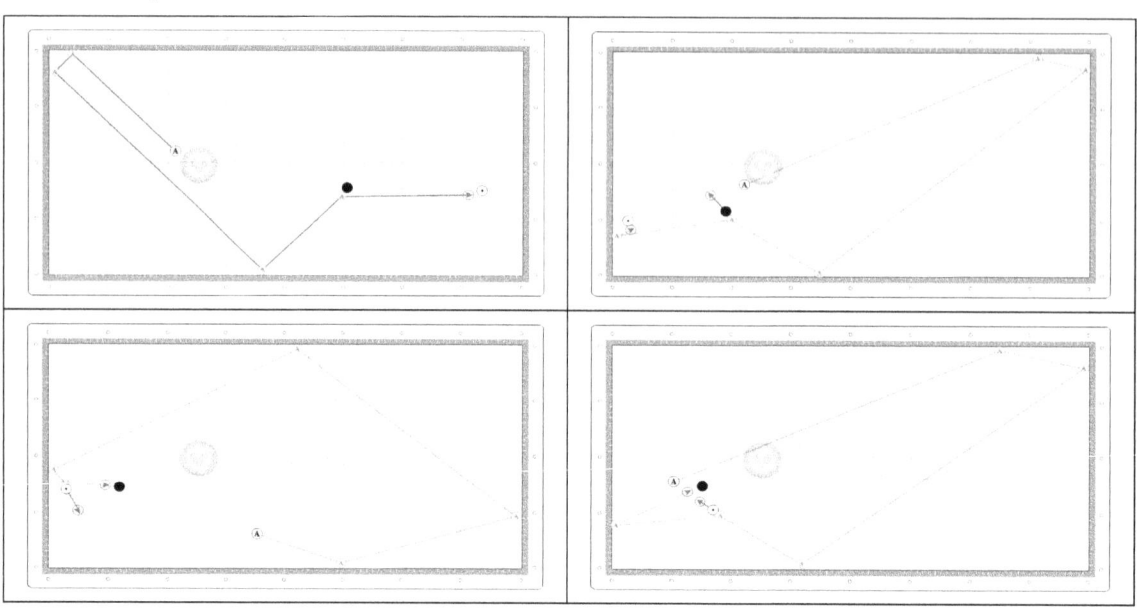

Análisis:

E:4a. _____

E:4b. _____

E:4c. _____

E:4d. _____

E:4a – Preparar

Notas e ideas:

Patrón de disparo

E:4b – Preparar

Notas e ideas:

Patrón de disparo

E:4c – Preparar

Notas e ideas:

Patrón de disparo

E:4d – Preparar

Notas e ideas:

Patrón de disparo

E: Grupo 5

Análisis:

E:5a. _____

E:5b. _____

E:5c. _____

E:5d. _____

E:5a – Preparar

Notas e ideas:

Patrón de disparo

E:5b – Preparar

Notas e ideas:

Patrón de disparo

E:5c – Preparar

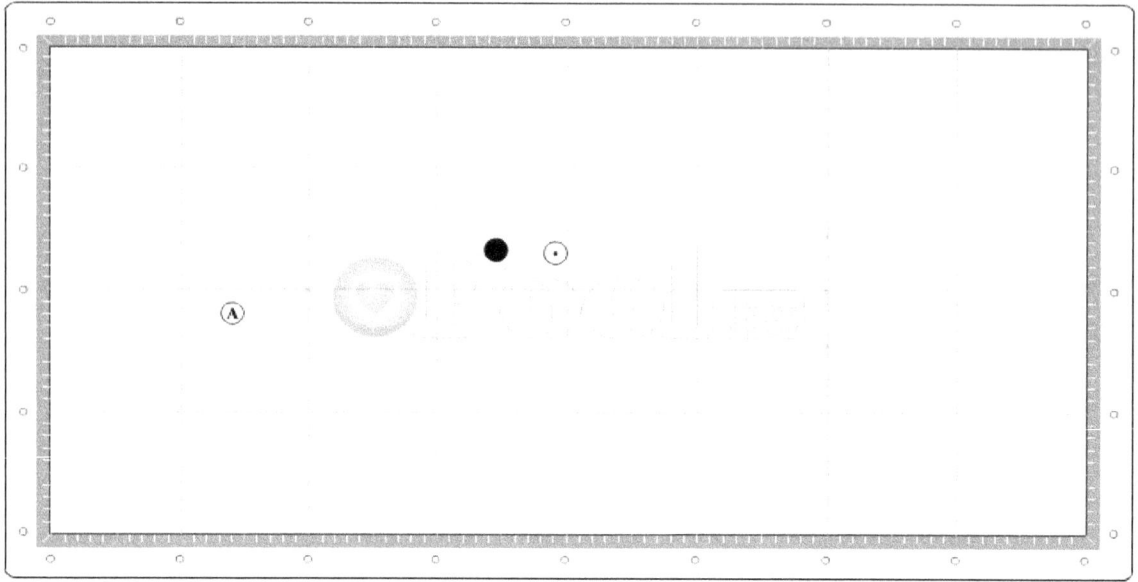

Notas e ideas:

Patrón de disparo

E:5d – Preparar

Notas e ideas:

Patrón de disparo

E: Grupo 6

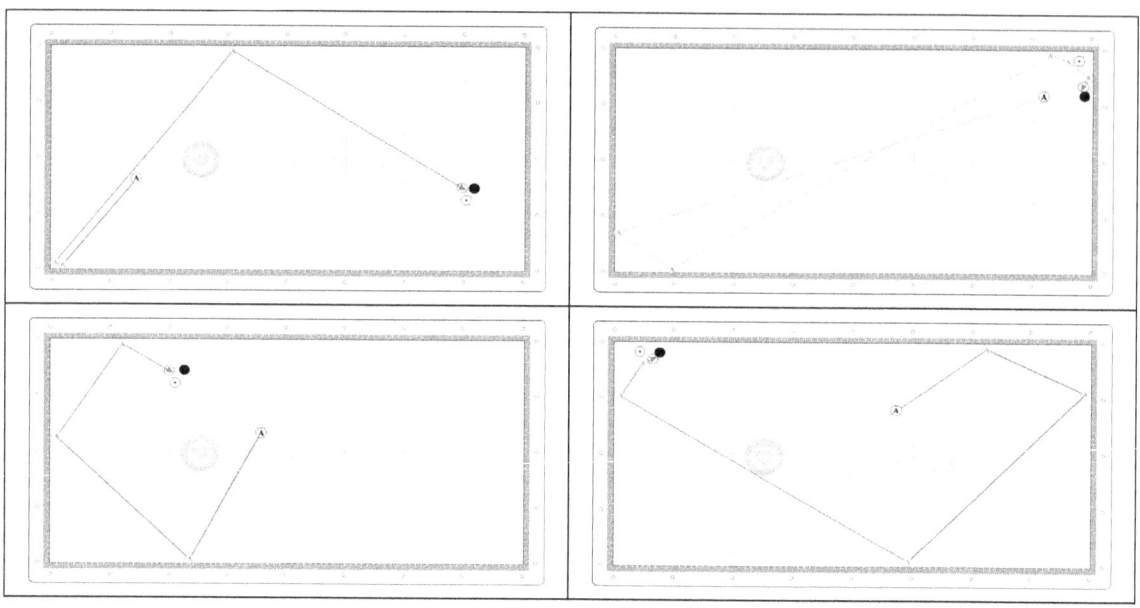

Análisis:

E:6a. _____

E:6b. _____

E:6c. _____

E:6d. _____

E:6a – Preparar

Notas e ideas:

Patrón de disparo

E:6b – Preparar

Notas e ideas:

Patrón de disparo

E:6c – Preparar

Notas e ideas:

Patrón de disparo

E:6d – Preparar

Notas e ideas:

Patrón de disparo

F: 4+ bandos primero

El tirador envía el (CB) en cuatro (o más) bandos antes de que el (CB) haga contacto con el primer (OB). A veces, los bandos extra son accidentales.

Ⓐ (CB) (su bola de billar) - ⊙ (OB) (bola de billar oponente) - ● (OB) (bola de billar roja)

F: Grupo 1

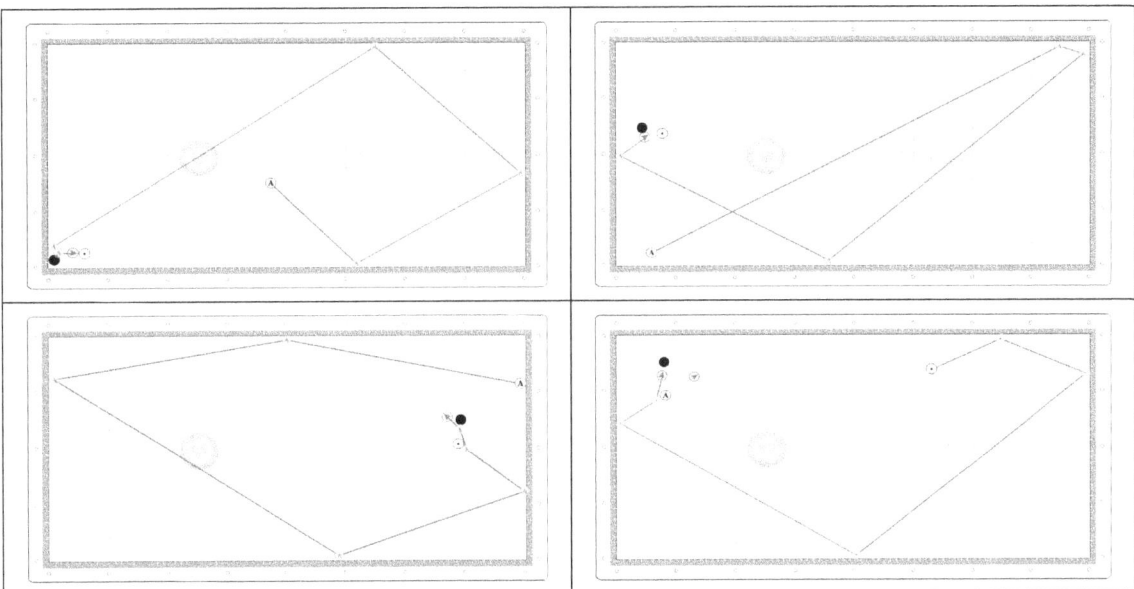

Análisis:

F:1a. _____

F:1b. _____

F:1c. _____

F:1d. _____

F:1a – Preparar

Notas e ideas:

Patrón de disparo (4 rails)

F:1b – Preparar

Notas e ideas:

Patrón de disparo (4 rails)

F:1c – Preparar

Notas e ideas:

Patrón de disparo (4 rails)

F1d – Preparar

Notas e ideas:

Patrón de disparo (4 rails)

F: Grupo 2

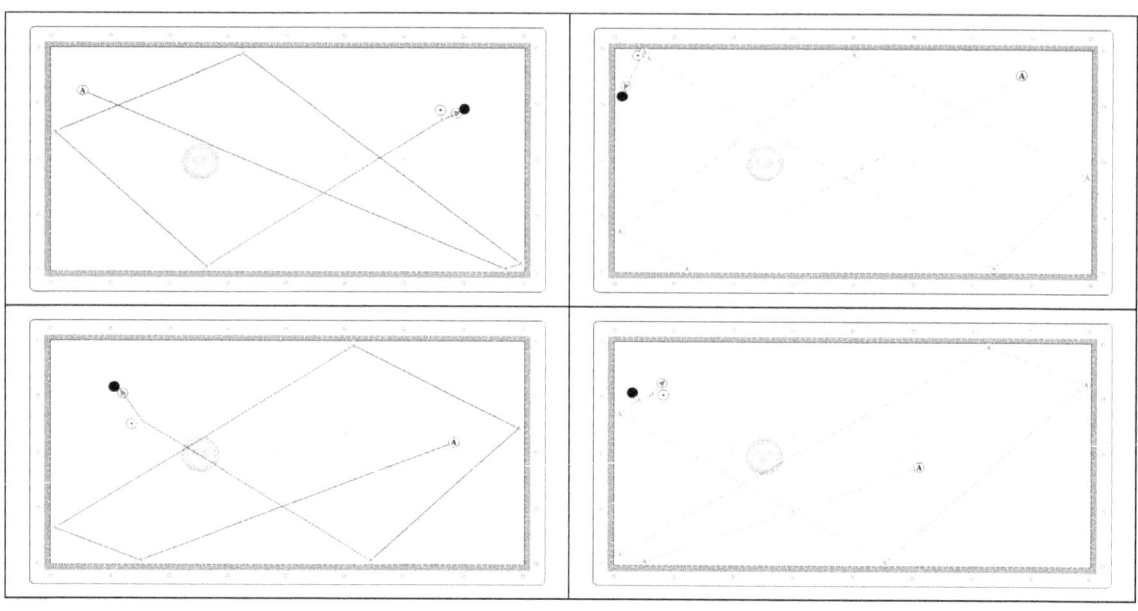

Análisis:

F:2a. _____

F:2b. _____

F:2c. _____

F:2d. _____

F:2a – Preparar

Notas e ideas:

Patrón de disparo (5 rails)

F:2b – Preparar

Notas e ideas:

Patrón de disparo (5 rails)

F:2c – Preparar

Notas e ideas:

Patrón de disparo (5 rails)

F:2d – Preparar

Notas e ideas:

Patrón de disparo (6 rails)

www.ingramcontent.com/pod-product-compliance
Lightning Source LLC
Chambersburg PA
CBHW081256170426
43198CB00017B/2807